IN CASTLEWOOD ¦ AN GHAOTH ADUAIDH

In Castlewood ¦ An Ghaoth Aduaidh

Colette Nic Aodha

ARLEN HOUSE

In Castlewood ¦ An Ghaoth Aduaidh

foilsithe i 2012 ag
Arlen House
42 Grange Abbey Road
Baldoyle
Dublin 13
Éire
Fón/Facs: 00 353 86 8207617
Ríomhphost: arlenhouse@gmail.com

Dáileoirí idirnáisiúnta
Syracuse University Press
621 Skytop Road, Suite 110
Syracuse, NY 13244–5290
Fón: 315–443–5534/Facs: 315–443–5545
Ríomhphost: supress@syr.edu

ISBN 978–1–85132–024–0, crua
978–1–85132–034–9, bog

Clóchur ¦ Arlen House
Priontáil ¦ Brunswick Press
Saothar ealaíne an chlúdaigh le Fidelma Sheridan

Tá Arlen House buíoch de
Chlár na Leabhar Gaeilge
agus d'Fhoras na Gaeilge

Foras na Gaeilge

Clár ¦ Contents

An Ghaoth Aduaidh

An Dara Mac is Sine

Braonacha fola ar an gcanbhás ag meascadh
leis na greamanna órga agus rian na léarscáile
a steall ó lámh an ealaíontóra.

Tagann an fhuil díreach ón trian dem chorp
a chothaigh an dara mac is sine, naoi mbliana
déag ó shin. Ceangail eadrainn gearrtha

leis an dúbhrón a thagann orm
is mé ag breathnú anuas ar mo chuid ealáine
atá anois ina bruscar os mo chomhair.

BAILE

Caitheann na tithe ildaite
a bhfrithchaitheamh ón bhfód aníos,
sa bhaile beag seo,
is bogha báistí ar talamh iad.

Tagann turasóirí ag glacadh pictiúirí
gach tráth den bhliain,
tugann foireann teilifíse cuairt air,
ag déanamh taighde faoi scannánaíocht.

Cónaíonn ealaíontóirí sa dúiche máguaird
i dtithe beaga atá scaipthe anseo is ansiúd,
is coinníonn an Chailleach í féin
faoi cheilt sna carraigeacha.

Os Cionn na Leapa

Neadaíonn éin ar an tseilf
os cionn mo leapa,
ní thugann siad aon aird
ar na céadta leabhar

taobh leo. Nílim cinnte fiú
an bhfuil léamh nó scríobh acu,
b'fhéidir gur éanlaith 'phobail' iad,
ar bheagán oideachais fhoirmeálta,

cé gur láidir a gcuid oidhreachta,
is gach nós is traidisiún ar eolas acu.
Má tá teanga ar bith acu
ní fhéadfá a rá gur teanga an leabhair í.

Níor chuala mé riamh aon argóint
ó na héin, ní dhéanann siad dom ach ceol,
ceiliúr na camhaoire ar maidin
is gliográn na fearthainne go seasta

ar an bhfuinneog. Tá an fharraige
faoi cheilt ag néalchruth liath,
is léaslíne mhínádúrtha déanta
as na páirceanna is faide ón teach.

An Ghaoth Aduaidh

Ar strae a bhí mé
nuair a leag mé súil
ar an gCailleach Bhéarra,

í sínte ina suanchodladh,
cé go raibh gaoth gharbh
aduaidh ag séideadh

a chuirfeadh na sceacha
is na driseacha ag rince,
ghlac mé bóthar an chósta,

is ní raibh cuma róbheannaithe
ar an gCailleach tar éis dom
sé uair a chaitheamh ar an mbóthar,

ach bhraith mé í láithreach
ag cur smachta ar an bhfarraige,
ar mo thorthúlacht is ar na mairbh.

Go tobann dhúisigh sí
is chruthaigh sí spéirling,
nach bean na toirní í.

Ar ball chuaigh sí ag tóraíocht
ar na hainmhithe is chuir sí
a cuid draíochta orthu uile;

chonaic mé capall sínte ar an bhféar
sna taomanna, thosaigh féileacáin bhána
ag tabhairt sonc dá chéile i mbun eitilte.

Thosaigh na préacháin ag ceol,
a nguthanna áille
ag líonadh na spéire.

Cé go bhfuil an samhradh linn
tá an Chailleach fós i lár réime,
mac tíre aici mar chapall.

Feicim nach bhfuil ach súil amháin
i lár a héadain ach í chomh géar
le réalta ag titim ag grianstad an gheimhridh.

Tá cneá im bhroinn ag sileadh fola,
airím gaol eadrainn
mé féin agus an Chailleach Bhéarra,

tuairim agam go dtéann
ginealach na beirte againn
siar go hAed, seandia na gCeilteach.

Aed, an dia ar leathshúil
nó an ghrian féin is léir,
is í an Chailleach iníon na gréine.

Feicim a rian chuile áit,
dá mbeadh a slaitín draíochta im ghlac,
bheadh sé ina shamhradh go deo,

ní ligfinn di aon sioc
a chur ar an talamh lom,
ach is í mo mháthair altrama,

a súil ghéar ag cur is ag baint
gach atá romham amach, fad is atá
an dreach tíre á chruthú aici.

Mise ag triall ar a teach in Ard Mhacha,
áit is ann do m'aonmhac,
teastaíonn uaim ól ó thobar na beatha

gur léi é ó thús ama. An Chailleach.
Ansin dhéanfainn cáis as bainne
a cuid beithíoch, a iníon an tsléibhe,

a iníon na gréine,
maith dom mo chuid fiach
is leatsa m'fhómhar deireanach.

Uisce Beatha

Rachaidh mé isteach sa bhfarraige
le hathnuachan a dhéanamh orm,
chun mo chuid mistéire a fháil ar ais,

uaithi siúd a chanann gach mistéir i nguth ard,
tagaim amach as an bhfarraige le broinn leigheasta,
ardmholadh don Chailleach Bhéarra.

IPHONE ÚLL A CEATHAIR

Ambaist is aoibhinn liom
mo *iPhone* nua, úll a ceathair,
insíonn sé dom cá bhfuilim,
nílim cinnte an firincsneach

nó baininscneach é/í,
ach sa chaoi go bhfuil sé
maith chuig treoracha,
baistim ainm buachalla air.

Aimsítear eolas do shlí
le brú ar léarscáil *app,*
is tá *app*anna le haghaidh
chuile ní, insím bréaga do cheann

a d'íoslódáil mé le meáchan
a chailliúint, *ideal weight*
is ainm dó. Cuid mhaith acu
is *app*anna saora in aisce iad,

buíochas mór le mac Dé,
iPhone a ceathair –
an t-úll is fearr a bhlais mé
le tamall fada.

Breacsholas

Tá na sléibhte trasna an chuain
ag dul i léig sa tráthnóna,
draíocht le brath sa chlapsholas,

is an oíche ag fáil an lámh in uachtar
ar an lá. Ar ball beidh na scamaill
ar aon dath leis na beanna,

is cuma orthu go bhfuil siad
i bhfad i gcéin. Tá teach solais
ag caitheamh a bhreacsholais féin

ar an uisce os mo chomhair,
rithim ar leith ag na tonnta
ag briseadh ar na carraigeacha,

feicim an taoide ag trá,
is na báid iascaireachta,
ceann le sruth.

An lá aoibhinn seo in iarthar
Chorcaí ag sleamhnú uaim,
ach cloisim giolcadh an ghealbhain,

fiú ag titim na hoíche.

Bogha Báistí

Uair is a bhí an dinnéar
críochnaithe, bhí bogha báistí
le feiceáil ag bun an chnoic,

ar nós go raibh an áit faoi gheasa
ag na scríbhneoirí is na ceoltóirí,
a bhí bailithe ann.

Mhol duine acu dul amach
is an pota óir a chuardach,
ach ní gá dul chomh fada sin,

tá sé timpeall ort anseo,
buíochas le rí na ndúl,
bláthanna, beacha, sliogáin, sléibhte,

an fharraige chiúin,
cuileoga ag eitilt gan srian,
is ceol na n-éan go seasta ann.

Easpa Geana

Labhair na sligí de ghloine,
scaipthe ar an maisín níocháin,
'ní ormsa atá an locht',

a dúirt gach slige liom,
'ní hea ach d'easpa geana
orainne is cúis lenár n-inphléascadh

d'airíomar do chuid nimhe
is chliseamar le chéile,
araon'.

Ceol Nua

Na drumaí beaga ag lúbadh
im chluasa, toisc an trealamh
ceoil is déanaí ceangailte

le mo ríomhaire soghluaiste,
ceannaím ceol san *iStore,*
is breá liom m'úll nua,

a bhí liom ar eitleán,
a ghearr an turas dom.
Mé in ann neamhaird a thabhairt

ar cheol na suaiteachta,
is éisteacht le 'The Band'
agus Chrissie Hynde.

In éad le dath na gréine
a bhí ar na turasóirí eile, bhris
ceol isteach ar mo chuid smaointe.

Béile Deireanach

Gríscíní agus sailéad a lorgaím,
gan ach dhá uair fágtha,
samhlaím slua ag cruinniú,
is gloine chun í a scarúint uaim.

Mé sínte ar chathaoir bhán,
ag feitheamh ar thua a thiteann,
sa chúlra cloisim bus ag stopadh,
aghaidheanna ag stánadh

trí na fuinneoga. Dreapaim
an cnoc go mall, ar mhaithe
le m'anam, ar mhaithe leis an slua.

Teanga

Airím í go nádúrtha, fanann
sí liom i gcónaí, cuireann sé
as dom, beagáinín, í a chloisteail

go místuama ar theangacha,
ach, fós, fad is a bhíonn sí ann,
ag coinneáil an solas ar lasadh.

Le déanaí bhí feachtas ann,
a chuirfeadh deireadh léi ar fad,
ní mó ná sásta a bhí mé,

is fíorolc liom na léinte gorma.
Go minic tugtar masla di,
ach seasann sí an fód i gcónaí,

í gléasta in arm is in éide,
réidh dá cuid naimhde.

Fear Céile

Bláthanna ar gach taobh,
na fiailí fiáine a thugann
áilleacht don tír, má fhágann tú

iad ag fás, maireann siad
níos faide, a dúradh liom
nuair a bhí mé níos óige.

Phós mé garraíodóir
a bhí tugtha do na fiailí
fiáine, chuir sé iad gach áit,

bhí mé thar a bheith sásta
go raibh gaol agam le duine
ar theastaigh uaidh tuilleadh bláthanna.

TÉAMA

Cén téama atá agat don fhilíocht?
A deir siad liom go rialta,
cén téama a shnámhann trí na dánta?

Is iomaí téama atá ann i ndáiríre,
a deirimse, is gan cuma róshásta orthu,
baineann siad stad asam leis an gceist,

is cuma cé chomh minic a chuirtear í,
cén téama atá agat sa leabhar nua?
Mé ag smaoineamh ar na céadta dán

faoi chaibidil agam, téamaí éagsúla,
a screadaim, téamaí difriúla, braitheann sé,
bréaga lofa, níl agam ach téama amháin;

uaigneas an fhile.

Scríbhneoireacht

Téim i measc na ndaoine
chun scríobh. I lár na sluaite
a bhím le pár agus peann.

Daoine nach bhfuil ar m'aithne,
airím an t-uaigneas,
daoine le cairde, le clann,

is mise le pár agus peann.

Guthanna

Daoine ó na ceithre hairde,
ag tumadh is ag snámh,

cé go mbíonn teangacha éagsúla acu,
iad uile sothuigthe,

snámh, fuarú, faoiseamh.

DÚLRA

Níor thug mé dóthain aire
ar na haillte ná na báid,
gach gné den dreach tíre

sa cheantar clúdaithe le rud
éigin a thosaíonn le coincréit,
déanaim dearmad breathnú

thar na hárasáin is na hóstáin
thíos ar an trá, tá ollsiopaí
ina línte ar an ngaineamh,

is ar éigean go bhfuil gaineamh
le feiceáil, áit nach bhfuil siopa,
tá bialann, áit nach bhfuil ceachtar,

tá seanóir ag díol *timeshare*
ar leaba ghréine,
téim thart á gcomhaireamh.

Is É an Trua nach mBlaiseann Sé Mar a Fhéachann Sé

Cuma dheas ghorm ar an linn,
scáthanna na bhfoirgneamh le feiceáil
ar a barr. Daoine dóite sínte

ar a dtaobh, ag sú
an iomarca gréine, mé féin
ag scríobh go mall,

an inchinn ag sú an iomarca.
Chuile ní níos moillle,
fiú radharc na súl,

ní bhogann mórán sa teocht seo,
léimim san uisce is ólaim bolgam,
trí thimpiste. Bolgam bréan.

Long Play Chillout

Seanfhear taobh liom,
d'iarr sé orm filíocht a aithris dó,

caithfidh mé í a scriobh ar dtús,
a dúirt mé ag gáire, mar dhea,

lasmuigh de bhialann dheas,
an *Long Play Chillout* a bhí mé,

ag iarraidh an tsúil dhall
a thabhairt ar an seanóir,

liath, críonna, leis an iomarca
féinmhuiníne.

Lá Deireanach Cois Linne

Dúisím ag a hocht,
an ghrian ag cnagadh ar fhuinneog,
cé go bhfuil dallóg dúnta,

an citeal ar fiuchadh.
Is déanaim féin an tae,
ag súil leis an gcuisneoir

a fholmhú roimh imeacht,
sú oráiste is pluma ar an bpláta,
píosa cáise leo, taephota ag ceol,

bainne ina uachtar dó,
b'fhearr liom níos mó a ithe,
ach tá an ghrian róthe ar maidin,

féachaim síos ar na leapacha gréine,
idir dhá chomhairle faoin mbalcóin
a fhágáil, an dá thrá, ní féidir.

Dlí

Scríobhaim i bhfad níos mó
leis an bpeann nua seo,
taitníonn a dhúch corcra liom,

a luíonn go míshocair ar leathanach,
chomh míshocair le bean an tsiopa
nuair a d'fhill mé leis an sciorta stróicthe,

thaitin na bláthanna bándearga liom,
ach d'aimsigh mé poll ann, cosúil go leor
le poll a dhéanfaí le sáil a chur tríd.

Ní raibh bean an tsiopa toilteanach
aon ní a dhéanamh dom gur bhagair mé
an dlí a chur uirthi agus í chomh maslach

is a d'fhéadfadh duine a bheith,
smaoinigh mé uirthi i mbialann Venecia,
ag fuáil mo sciorta síoda.

Aloe Amárach

Cuir rud nádúrtha ar do chraiceann dóite,
a mhol Spáinneach dom fad is a chuimil
sí *aloe* orm, sampla den phlanda ar a bord

le tabhairt le fios nach bhfuil ní ar bith
mínádúrtha sa bhuidéal plaisteach ina lámh,
ar thrí euro déag ar cheann beag, naoi déag

ar bhuidéal níos mó. Ach is cuma leis na páistí
óga atá ag béiceadh le háthas ar an b*playa* mín,
ní chuireann ábharachas isteach ná amach orthu.

Imithe

An teach ag titim as a chéile,
na pictiúirí, a bhíodh ar an mballa,
anois ina luí ar an urlár.

Is féidir liom an tolg a shamhlú
ag caoineadh de bharr uaignis,
ní fhaca sé na sobalchláir le seachtain,

é go hiomlán as dáta, gan trácht
ar chúrsaí faisnéise ná nuachta,
fuinneoga an tseomra fliuch,

deora báistí ag titim orthu,
is ocras an domhain
ar bhord na cistine.

Grian nó Gaoth

Cé acu is treise, ní fheadar,
í féin in airde, nó an ghaoth
bhog sheasmhach.

Tagann éadach ó gach cearn
den domhan chun triail
a bhaint as an ngaoth seo.

Roghnaíonn an ghrian na dathanna
ach d'fhéadfaidís athrú, muna mbíonn
dea-ghiúmar uirthi.

Má thagann an galar dubh,
gan aon tsúil leis, nach cuma,
gach dath ina dhath liath arís.

Dreoilín

Cloisim an dreoilín is óige agam
ag caint ar chailíní,
is éagann rud ionam.

Tuigim go bhfuil sé réidh
le heitilt, m'éinín is óige,
b'fhéidir go rachaidh sé ó dheas,

áit is ann dá dheartháir is sine,
níl aon neart agam air.
Léigh mé dóthain leabhar,

sular rugadh iad, conas leanbh
a iompar, faoin mbreith, smachtú,
ach tada riamh faoin scaoileadh saor.

Scáth ar Uisce

Ó dhoras teampaill
feicim solas buí ag lonrú
laistigh ann tá linn ghlas

san áit ar sheas an altóir,
is ní airíonn éinne uathu í,
ar chúis amháin nó cúis eile.

I lár na linne
fásann crann dara,
beagnach chomh hard leis an díon.

I measc a chraobhacha
thóg spideog aonarach nead,
caitheann an spideog an lá ag ceol,

iomainn mholta do dhia éigin,
ag fógairt ár mbeatha,
is an feileastram buí

ar bhruach na linne,
atá chomh geal leis an ngrian.
Ag bun an chrainn

tá cónaí ar an ngealach,
is feictear a scáth ar an uisce
i rith na hoíche,

is cuma má bhíonn réalta
le feiceáil nó muna mbíonn,
solas seasta a lonraíonn.

ATHCHUAIRT

Heraciltus ar a bhealach ar ais
is feiceann sé fothrach na cathrach Ephesus,
thart air.

Croí na cathrach leagtha
is é ina mhíreanna mearaí ar talamh,
clocha caite ar chlocha,

na teampaill anois
mar thithe asail d'ainmhithe fiáine,
na dealbha gan chloigne,

na doirse scaoilte.

AR AN MBEALACH GO HEPHESUS

Stopamar ag Loch Bafa don bhricfeasta,
Guven an t-ainm ar an treoraí turais gleoite,
creatlach oll-liús ar thaobh an bhóthair,

nó *Esox Lucius* as Laidin,
cuma ghleoite ar aillte bána,
fear ag tarraingt lín

isteach i mbád beag iascaireachta,
na hoileáin bheaga ar seachrán
níos gaire don chósta.

Insíonn an treoraí dúinne
faoi ríocht Caria,
ina mbíodh Bodrom mar phríomhchathair.

Tar éis crith talún ní raibh Ephesus
suite ar chósta a thuilleadh.
Ní bhíonn aon ní mar ní seasta.

GAFA

Chonaic mé sainphór díobh inné,
na héin a chaitheann an lá ag ceol

ar bharr crainn airgid.
Bhí cuma dheas air,

cleití dubha, bána is buí,
deacair é a aimsiú

is an ghrian ag scairteadh anuas.
Eisean mar a bheadh ardsagart ann,

ag cleachtadh a chuid iomann,
bláthanna mara in áit duilleog.

Bróga

Mhol sé dom a bhróga a iarraidh ar ais,
na cinn a cheannaigh mé dó san oirthear,
nuair a bhíomar ag taisteal.

Bhí fonn orm é a fhágáil cosnochta,
cé go gcónaíonn sé ag bun sléibhe,
agus bíonn air é a dhreapú go laethúil

chun uisce a fháil ó bhean an tsléibhe.
Bíonn drogall uirthi tada a thabhairt dó,
ach géilleann sí ag deireadh thiar, sílim.

I lár na hoíche is minic a shamhlaím
gur bean an tsléibhe mise,
ag cur constaice lena soláthar uisce.

Trádálaí Aonair

A ghuth ag portáil mar a bheadh paidir ann,
na diúilicíní á n-iompar ar a ghualainn aige,

mias chré-umha, líonta leis na sligéisc,
is líomóid gearrtha ina cheathrúna.

Seastán iniompartha ina lámh chlé,
lúbann sé i measc mhuintir na dtatúanna,

ní bhíonn iontas orm níos mó
nuair a fheicim siombail choimhthíocha

ar chraiceann na dturasóirí,
is thosaigh mé ag cur suime

sna híomhánna spéisiúla,
greanta ar mharmar Ephesus.

Cathracha

Cuireann na busanna bídeacha Volksvaigín,
a thugann síob dom go Bodrum,
tacsaithe dubha Iarthar Bhéal Feirste
i gcuimhne dom.

Stopann siad áit ar bith ach lámh a chur amach,
an turas ar fad ar thrí *lira,*
praghas níos lú ar leath bealaigh,
ní ardaíonn an praghas,

fiú nuair a bhíonn sé ceathracha céim lasmuigh.

PABLO

Is iomaí radharc
chun do shúile a shásamh,
chun aoibhneas a chur ort,

ag suí faoi sceach
ar chúisín tiubh,
taobh leis an bhfarraige,

gan scamall sa spéir,
ná baol na fearthainne,
ach fós na duilleoga glas.

Tá cuma Pablo Neruda
ar an bhfear críonna
a shiúlann thart,

neart daoine san uisce,
máithreacha dílse ag cur uachtair
ar a gclann.

Cuan

An ghrian ag doirteadh ar na beanna,
an t-uafás bád ag cur an cuan thar a bhreith,
bior deataigh ó thoitíní na beirte in aice liom,

atá ag imirt *backgammon*, níl dúil ar bith ag muintir
na Tuirce sa bhficheall, an lá ag dul i ndealraithí
na tuáillí níos fliche, ní stopann na trádálaithe ag díol,

tagann íomhá d'fhear sléibhe ar ais chun cuimhne,
kilm thart air mar phluid,
ag iarraidh an fuacht a sheachaint.

Féasóg

Níl a fhios agam go díreach
cá háit ar chas mé le hiarmhac léinn,
ar theastaigh uaidh leigheas a dhéanamh,

áit éigin idir a leathmheisce
is an domhan thoir, féasóg fhada dhubh air,
a shúile níos fíochmhaire tar éis mé a fheiceáil,

iad á gcur tríom. Chuimhnigh mé air inné
nuair a bhí mé i measc na sluaite
ag suíomh theampall Artemis.

Ar a Bhealach

Is ar éigean atá an seanmhuslamach,
a iompraíonn buidéal beag uisce ina lámh,
in ann a chosa a tharraingt leis.

Caipín air, a chuireann m'athair i gcuimhne dom,
a sheanbhríste,
a sheanléine,

a sheanveist liath,
é ag imeacht in éadan na gréine,
ar a bhealach chuig an mosc.

An Leabharlannaí

Comhluadar den scoth
a bhí ann, oíche ag réabadh
is ag sioscarnaigh, urlár na háite
ag lúbadh, gloiní ag teacht
is ag imeacht le fuadar,

gleoiteacht do do thachtadh,
bean ag gach fear,
fear ag gach bean, i ngan fhios
dóibh féin, d'fhéadfá *formones*
a bhrath san aer, casadh ag gach scéal,
dhá inseacht ag gach dán,

gur thiontaigh sé thart,
is chuir sé ceist orm,
céard fút féin, an file,
nach bhfuil scéal ar bith agat?
Gur mhínigh mé dó go scaoiltear
na scéalta, ach go dtéann dán i bhfolach
níos doimhne istigh, ní mar a chéile iad,

d'fhill mé ar an teach le scéal.

Deora Duilleog

Airím solas glas an chrainn,
is suím faoina scáth,
séideann gaoth aneas,

a thriomaíonn deora na nduilleog;
a thiteann ar an talamh,
ar an éadach ildaite,

scaipthe ar bhun an chrainn.
Ceol na n-éan a dhathaigh
an bratach sin,

is bhain solas na gealaí,
deora na nduilleog.

Drogall Orm Léamh

Róshásta a bheith scartha
ón obair is cúraimí eile,
go bhfuil drogall orm leabhar
a cheannach sa siopa leabhar
os mo chomhair san aerfort.

Ligim scíth ar chathaoir bhog,
is tagann brionglóidí fánacha
isteach im cheann,
thóg mé leabhar liom,
an babhta seo, is peann is pár.

Fuair mé deacair teacht ar ábhar
le scríobh air, in ionaid turasóireachta cheana.
Caithim an t-am ag féachaint
ar na clanna, nach bhfuil ar m'aithne,
thart i Halla na nImeachtaí,
téacs deireanach chuig triúr mac,
a fhágaim dá saol féin sa bhaile.

Sziget

Cránn ceolchoirm rac Sziget mé
go laethuil, ó chuala mo dhara mac
is sine faoi.

É ag caint air, an samhradh ar fad.
B'éigean dom é a ligint isteach i gcluas
amháin, agus amach cluas eile.

Ag Teacht Chugat Féin

Tagann an ghrian, a íslíonn
an phian níos fearr ná *morphine* ar bith.
Tar éis dul faoin scian,

den chéad uair, níor thuig
mé sástacht a gheofá as *opiate,*
nach iontach na drugaí

a dúirt mé leis an mbanaltra,
tar éis dúiseacht.
D'aontaigh sí liom le meangadh,

ag smaoineamh ar an sórt seafóide
a scaoiltear i ndiaidh trá,
ag gach uile othar.

Níos déanaí sa bharda
thosaigh mé ag meas
fhilí an ochtú haois déag,

a bhí gafa le h*opium,*
a d'fhreastail ar na *den*s
is d'airigh mé uaim iad.

Ar Éigean

Chonaic mé áilleacht Dé,
ar éigean a bhí an spéir plúchtaithe
le deatach tiubh, ag clúdach

gach ní cois farraige,
áit a bhíodh oscailte is úr,
ach díon na spéire ag titim anuas

ar uisce. Go tobann bhí splanc
solais ag bun an tsléibhe,
ag cur béime ar gharraí glas,

aonarach. Gleoiteacht ag briseadh
as géibheann an taobh tuathail,
frithscáil, scothghorm, dhorcha,

ag teacht aníos ó dhoimhneacht
na farraige. Aithním
mo fhrithchaitheamh féin ann.

Trá Lí

I bhfolach, taobh thiar de bhláthanna,
éistim le guthanna binne Spáinneacha,
beirt fhear, a dhéanann iontas faoin bputóg

bán agus dubh, dóthain gáire.
Cíoraim thar an oíche roimhe,
dath fíona ar an óstán,

scéalta ón bhFiannaíocht
go dtí an Cogadh Cathartha,
á insint aige i rith na hoíche.

Níos luaithe sa tráthnóna
chuaigh mé go lár an bhaile
is cheannaigh mé olann is cleití.

Amhrán

Casann sé amhráin dom,
nótaí mar phóganna,
is cuimhin liom ár gcéad laethanta.

Ba phort leanúnach ár n-éiginnteacht,
gur thóg sé mé ina bhaclainn,
a uirlis cheoil ar leataobh,

is shiúil sé chomh fada chugam,
a bheola ar mo chraiceann,
mo mhuinéal, níor ghá focail.

Suathaire

Thóg sé tamall go ndeachaigh
a lámha i bhfeidhm orm,
thaitin siad liom, gan amhras, is mé

sínte i seomra na suathaireachta,
ach rinne mé talamh slán den chaoi
ar chuimil sé craiceann mo dhroma,

gach scáineadh dem chorp, fiú na cinn
nach raibh a fhios agam gurbh ann dóibh.
Ghlac mé gan cheist a chaith sé liom

an cuar luasghéaraithe is ama ar leataobh
aige, mo chuid smaointe ar strae,
mé ag déanamh iarrachta mo mhianta

a smachtú, áilíos a bhrú faoi chois,
ag dúil leis an tráthnóna go bhfeicfinn é
ina shuí ar chúinne na sráide, lasmuigh

dá *Hamam,* ag fanacht orm, a lámha
ceannasacha sínte im threo.
Smaoinigh mé air go minic ina dhiaidh sin,

is mé im luí ar leaba shuathaireachta,
i bhfad uaidh, ach ag súil go mór
leis an tadhall céanna nach bhfuarthas.

Riamh arís ní dheachaigh lámha aon fhir
orm chomh domhain sin,
mé go hiomlán corraithe,

smaoiním go minic ar chothroime a lámh
ar mo chraiceann, a mhéarthadhall.

Ní Ridire Mé

Deas liom suí sa scáth ag scríobh,
ach faighim amharcanna neamhchinnte,

breathnaítear orm mar choimhthíoch,
fiú i m'áit dhúchais féin, mar bhagairt.

Shílfeá in áit dúch agus peann
gur claíomh atá im ghlac,

ní bheinn go maith mar ridire,
is fearr liom cloí leis an bhfilíocht.

Cuireann an freastalaí ón Tuirc ceist orm
faoi céard a scríobhaim,

filíocht Ghaeilge a deirim leis,
'an Éireannach thú?' an freagra

tugann sin misneach dom.

Ag Eitilt

Na siúlóidí ar ceal
ag an stealladh báistí,
ach dhá eala ag déanamh neamhairde
ar na tuilte mórthimpeall.

Ag poll a ceathair déag sa ghalfchúrsa
a bhí, agus chuir siad i gcuimhne dom
an *croquet* sa scéal iontais faoi *Alice.*
Rud éigin draíochtúil faoin tsiúlóid

ag breacadh an lae cois farraige,
lá fliuch samhraidh is na héin
ag eitilt ó dheas, an mhuir
ag caitheamh gúna nua,

vardrús fairsing aici don samhradh,
dathanna éagsúla á gcaitheamh aici,
is athraíonn sí feisteas go minic i rith an lae.
Slí na mara amhail *rue* Phárais,

na fir is na mná ag *strut*áil thart,
ag teaspáint do chách cén áit
go baileach a bhfuair siad
an dath gréine is déanaí.

Lasmuigh

Thréig mé an caisleán,
is thosaigh mé ag tochailt lasmuigh,
thángthas ar gach saghas salachair,

ach choinnigh mé orm ag dul níos doimhne,
corr-rud luachmhar ag teacht aníos
gach ré bliain, ach lean mé orm

ar feadh breis is ceathracha ceann,
gur shroich mé deireadh mo thriall,
is mé faoi ghlas anois sa chaisleán.

Ar Maidin

Tugaim cluas bhodhar do ghuthanna
míthrócaireacha go luath ar maidin
is casaim air an *iPod,*

meascann sé le ceol na n-éan
is mé ag spaisteoireacht cois cuain,
ceal madra. Cuireann na séiseanna

srian ar smaointe, atá níos fíochmhaire
ná ainmhithe allta ar bith,
de bhrí go dtaispeánann siad

a gcuid fiacla dom go laethúil,
éirím go moch le ceol a chur
im chluasa, le fonn a chur sa lá.

NEON

'Bia ceart ar díol anseo'
a bhí an fógra a mhaíomh,
'leathshicín rósta,
anraith déanta sa bhaile',

lonraíonn an solas *neon,*
níl na suíocháin róchompordach,
é i bhfad rógheal toisc bainisteoir na háite
ag iarraidh ort gan fanacht rófhada.

Samhail

Í iomráiteach, tráth,
mar a bhíodh Valparaiso
sular tógadh canáil Phanama.

Samhail II

Ní mhaireann áilleacht
a deirtear,

ach tá cáil
níos neamhbhuaine ná í.

STREACHAILT

Ó aimsir Chatullus ar aghaidh,
coimhlint nach n-athraíonn
idir idéalachas agus réadúlachas,

idir an fhilíocht agus airgead.
Is ionann saibhreas intinne
agus pócaí folmha,

chaithfí rogha a dhéanamh,
má theastaíonn máistreacht
a bheith agat ar cheann acu.

Ach cé acu ceann?

Janissaries

Chonaic mé tagairt do *Janissaries*,
is mé ag léamh leabhair sa Tuirc.
Buachaillí Críostaí a bhí iontu

a gabhadh ag na hOttomain,
fuair siad oiliúint mar shaighdiúirí,
sháraigh siad a sibhialtachtaí féin

dá rialtóirí Ottomain. Ar ais
in Éirinn, breathnaím
ar na *Janissaries* thart orm, le gruaim.

Bitez

Leathuair tar éis a hocht ar maidin
éiríonn an ceol níos glórmhaire,
coinnítear fuaim rialta ar siúl

ar feadh an lae, san óstán seo
suite sa chuan. Feicim báid ar snámh
ón mbord bricfeasta. Scáth tuí

os cionn na leapa gréine, suite
ar an ngainneamh, síos ón mbalcóin.
Torthaí beaga glasa nach n-aithním

ag fás go fras ar na crainn os mo chionn.
Éirím is siúlaim amach san uisce,
airím grinneal na farraige

ag bogadh faoi mo chosa.

Ardsnáitheoir

Cuma Colin Farrell ar an bhfear
ón Tuirc a bhain gruaig mo mhalaí
díom le snáithe, i lár na hiarnóna,

is é ag eachtraí scéal a bheatha,
stair na háite, athrú réime a thíre. Grianghraf
de Mustafa Kemal Atatürk ar an mballa aige.

Ceol Nua

Ar ais san Oirthear
tar éis bliana, airím
ceol na bpopamhrán,

a thagann ón *Jukebox*
san óstán, cosúil
le fuaim a bpaidreacha,

sa chaoi a n-ardaíonn
agus a n-íslíonn sé,
riamh ní éireoidh

mé tuirseach de.

Madraí Allta

Ní mhairim rófhada
ó na madraí allta,
iad ag bagairt orm

ón tuath máguaird,
uaireanta i rith na hoíche
tagann siad chuig m'áit

chónaithe, is luíonn siad
ag mo chosa, iad thar a bheith
ciúin, ach i bhfad róthanaí

le go mbeinn ar mo shuaimhneas.
Ní bhíonn tásc ná tuairisc orthu
ar na grianghrafanna ar an mballa.

Os Cionn an Daichid

Ní dóigh liom go bhfuil a fhios
ag an bhfreastalaí, a thugann
bileog eolais dom faoin gClub

Catamaran; an club oíche is mó
san áit, é suite ar long ar snámh,
go bhfuilim os cionn daichead bliain

agus is cuma liom faoin gcúig bhéar
nó an bheirt *DJ*anna, an t-urlár gloine
le damhsa air, is an ceol is nua-aimseartha

le hamhráin ó gach cearn den domhan.
Seó na bhfear a chaitheann éadaí bána,
nó na deochanna meisciúla de gach cineál.

In Castlewood

Dreamtime

Pebble-seeds of custard apple
are paving stones on my tongue,

my first time seeing a cherimoya,
spooned fruit in my mouth

that yielded only rock.
I, still, in awe of eloquence.

Please transform this cobbled tongue.
Split pomegranate on bed sheets,

half of its seed already eaten,
discarded skin and bitter pith

sweetened with champagne
steals my breath.

PRINCE

You drink from an image of Audrey Hepburn
holding a kitten to her breast,
feel the warmth of a beating heart,

curl up for days on a divan,
purr verse of legends, history, myth,
in a language more constant than borders,

government, but with many gods.
Letters of the alphabet in Arabic
make a stairwell to your bed.

City genuflects on two knees,
each avenue arriving at your street,
but it is all your castle.

NOVEMBER

For a moment today
I stood in sunlight;
arms around me
keeping me warm.

An open door,
chill breeze,
frost patterns on window,
a robin seeks food.

Leaves muddy the birdbath.
Today I will take a broom
and brush autumn from wooden decking,
watch swallows fly south.

On the Song of Songs

A strain of notes
ripple the keyboard,

pillars,
an open temple door,

arms folded across my eyes
so I wouldn't see.

Syllables unleashed,
never to be taken back.

Forgetting that I wasn't alive
and people don't like to hear,

my corpse on the ground
before the tabernacle.

TIME BEGINS

Among incense and flowers,
hemp sacking hangs from a nail
in the roof beam, I drink isis tea,
chamomile and rose petal.

Hand-painted glass on tables
hold laughing suns; happy spirals.
Some adorn candles, others, blossom.
Adventures in music is tacked to the counter,

butterflies settle on custom-made cards,
leaves of plants are wax,
traces of tree-shadow-in-snow
on the stone wall.

Chinese cook chops lunch into small cubes,
I pour more roses into my cup.
Turquoise candle-shades hang in bunches.
Tree trunk of a table carries bonsai

in blue ceramic baths, they curve superbly.
Surrounded by such sweet produce
I remember that time began in a garden,
it brings me towards flowers.

THINGS I LIKE

Autumn leaves,
old buildings
running my fingers along spines
of books,

discovering museums,
art,
ebb of music,
jazz when dreaming,

landscape with birdsong,
sitting in sunshine,
some outdoor café
on the cobbled streets of Madrid,

lost in Spanish history,
learning new words,
if I have any of these
I forget to eat.

Tumble

A tumble of autumn leaves
have taken over the garden,
winter painted them a shade darker,
golden yellow of October faded.

Wind is conducting a rustle-symphony
that dries the leaves and makes them fall again,
but not from trees.
I wish to exchange neighbouring poplar

for sycamores that line a Spanish street,
sending these leaves to their creator.
I know I should face the elements
and clear a path to the gate.

WAKING THE DEAD

Strains of annotated melody
on the margins of *Entertainment and Games*
of Ancient Europe as they waked their dead.

I redirect my attention
to the lack of written evidence
on what transpired at these merry events

that were not conducted with *tremore et reverentia*
as the bishops did request.
Instead feasting, drinking, music and dance,

card playing, courting and jokes
that the devil was said to have taught our ancestors.
The corpse, central to celebrations.

Earthenware full to brimming,
proxy for the dead, outstretched, exchanging kisses
with each member of the opposite sex.

News of this in print from Ukraine to the Pacific.
In Hungary, Romania, even Mexico, flourish of flamenco.
They also set riddles, composed verse.

Lover

Eat my flesh,
drink my blood,
rip my liver from my corpse,

draw limb from limb,
sever head from shoulders,
with your sharpest blade.

Feed my insides to the howling night,
don't give me the grace of a shallow grave
but beat my bones on tightened drum,

wear my eyes around your neck.
When the moon reigns supreme
embrace the sun and all of the stars,

then wash your hands and wed my gods.

Your Psalm

Fountain pen on vellum,
ink seeks ceremony of light.
Shamash candle exists to service eight flames
of silver, handed through generations,
that creates circular reflections.

Vampire's kiss.
Her mouth bleeds lips.
In the centre of the room
I flicker to Hebrew lyrics,
touch my neck.

Menorah is goddess of all,
no one hears my song.
In time, I too will forget
teeth-mark tattoos,
words ciphered on skin.

HANUKKAH

Voices from Casablanca,
Barcelona,
Argentina,
each wears
their own headpiece.

Their circle around fingers of light
breathes fire on ice, changes sacred oil to wine,
mahogany to almond and chestnut.
Our words not mutually understood,
but I perfectly comprehend sparks

from your eyes,
gestures, off hand,
confidence of smile,
generosity that shimmered.
Someone please shut the Gates

of Hades before all in this house elopes,
leaving me to find my own way.
On the third day of Hanukkah
I held my head in my hands.

The Peeling of Skin

Is this feast a mirage?
I satisfy a hunger long denied,
whet my palate with vintage wine,

juice of red berries
like fangs.
Scented candle's soft flame,

Apollo throws shadows,
rays through the open window
colour me.

Mellowness of late autumn,
a sweet incense,
this peeling of skin.

LAGOON

I walked to the hilltop,
its volcanic peak
cradled in its belly
a black Madonna.

Thoughts of touching her palm
crept along my skin,
I remembered the sweet vice
of arms holding me.

The vista from the hilltop is a surprise,
three daughters traipse to the sand.
My eyes are on girls in red dresses,
pink umbrella shapes,

they help me recall beauty,
my belly burns.
The beach bares its many bosoms,
asymmetrical breasts of sand dunes.

Taking a path back,
palm trees toss green rags,
an orange tree reminds me of my newfound land
of sweet milk, giving hands.

Achill Island, August Bank Holiday Weekend

Calvay's restaurant and butcher's closed for breakfast,
seagulls swerve around Inis Galún,
distant sheep are white fungi
motionlessly grazing bare ground.

Darkened cumulus half-smothers Slievemore,
bringing out its purple beauty,
I wait for the bright spell.
Peace left this morning, took the red carpet

from beneath me. Last night's talk
of sailing lessons swim back and forth.
I leave Achill Head Hotel and explore
the route to Keem. Crawling down

the cliff road, I glimpse Mexican-green
ocean and white sand, as I remembered.
Surf is frilly lace,
three small birds frolic in the air.

The sea isn't as wild as the cliff that surrounds it,
or not as warm as it was on the last visit. I wonder
is sun a memory distorted by time?
It makes special effort around offshore

rocks, to leave a brilliant white shading
at their edge. This part of the bay hasn't been much
visited for some years, my holiday from life, as I
compare the greenness of nearby cliff

to purpleness of further one, further on again brown,
then fawn turning to blue, fawn,
a hidden cove, out of sight, green.
Waves crunch ashore, within sight of land,

two sea animals duck and dive, dolphins, perhaps.
I read how an Irish Ferries ship hit a hump-back,
people stranded, no-one hurt, no mention
as to the fate of the whale. Walking down a steep hill

my feet take the rhythm of the ocean,
I sit on a rock to have my first cigarette.
Cornflowers, pretty alongside purple bog orchids,
remind me of an old friend.

He wanted to drive to a headland and pick
cornflowers. Chimney of the cottage with galvanize
roof is emitting white smoke as a signal to incoming
waves. The sun begins to show its face.

Up Mayo! passes by on a blue Ford Escort.
The smell of turf blows away the cobwebs,
reminiscences about grandmother's kitchen.
I look up towards cliff top and admire a trim of purple

heather. *No camping or overnight parking; removal of*
beach material prohibited, a sign warns. Sun comes out
and retraces my journey around Salia Bay, Doogort,
Slievemore, Croaghaun, back to Keem. A scan of the

maps at the seafront displays a notation of the site
of an Armada wreck, San Nicolás Prodaneli,
Mallaranney. Children set to climb the cliffs,
cornflowers in their grasp, they keep a look out for

lapwings, oystercatchers, snipes. Ferns, kittiwakes look
like gulls. An information point describes Machair as
low, flat, windswept plains, flat Machair crouches
behind rock basement, shrill squeals of children's play

audible over water song. *Geomorphology: Achill is built almost entirely of highly folded and faulted Dalradian schists and quartzites. Where quartzites occur the terrain is usually mountainous.* No fault found with Achill this

August bank holiday. Keem beach, Fohermore to the left, Monteoge Head to the right. I try to find a place to shelter from the breeze and sit on a rock near an upturned boat. Young boy carries his pup to a sand

castle, pup sits on his homemade throne, object of all affection, young gun-dog king. The water looks so green, farther out its shade changes, plastic receptacles leave their shape on sand. *Lifeguard patrol ends,* the

cove is heating up. I remember the first time I looked down and saw its perfect shape. I listen to the constant slurch of water's soothing chorus, a tug boat appears out of nowhere. Last night a fisherman that takes the

route to Inish Gallún complained that he couldn't give away fish. *After being out for an hour you'd have the full of the boat. Everyone wants it fresh; you couldn't eat nicer, fresh.* On descending further down the cove I stumbled

into a drain, rinsed off the peat in a clear water stream, as the sun heats up the water gets greener. Mountain sheep with very bad coats nibble at rushes on the roadside. An outline of sun illuminates the cliff. Two

sea creatures reappear at roughly the same place. French tourists scrabble over sea wall to the blue flag beach, assorted shapes carry towels and spades. Leaving to go up coast to Keel. I stop at the pub

in Dooagh. Opposite was a plaque to Don Allum,
the first man to row across the Atlantic in both
directions, he landed on the rocky shore, down
from the memorial, hailed from St John's,

Newfoundland, arrived on 4 September 1987,
the second leg of an epic voyage in a 19 foot 10 inch
plywood open boat. The QE3. Seventy seven days
he spent at sea. Blue sky is turning the sea the same

colour as itself while sun forces dark cumulus
eastward, away from this haven of blue-flag beaches,
clean water, white sand and a certain lack
of commercialism, its deserted village and archaeology

that dates back five thousand years. Pert nuclear
family cycles up to the pub front, orders sandwiches
and soft drinks. I depart from Dooagh on a slow tour
of the island, branch off at Atlantic View,

head for the boggy landscape of Inisbiggle. Later
doubling back, I lunch at the Valley Hostel bar.
It's booked out years in advance for the August Bank
Holiday weekend. When I flick through the archive

of my life I notice the last entry for Keel is an
imaginary June visit, preceded by holiday snaps
from July '99, when we washed down fish with porter
and children left their shapes in the sand. Hot sun

turns the wet sand at Keel to glass, two Kites run
the gauntlet, ocean sends its white chariots, fogging
out the islands of Clew Bay. Cliffs are strewn with
light that changes their colour and texture. Luminous

boards make angles with sand and surf, someone
races Daddy to the water. You can only surf between
chequered flags. A dog frolics as its owner tries
to cover it in sand. Receding tide has made miniatures

of swimmers. Hardly a cloud threatens the sky;
my tent is pitched in Sandycove Site. I sink my toes
into the silk of the sand and they sparkle. Surfers lose
battle with waves; Inish Gallún seems to have

produced an offspring since morning. At about six
the day packs up. Surfers fold their boards; children
wash the sand off in water before stepping into damp
sandy clothes, babies run around without a screed,

parents beg for reprieve, bikinis camouflaged
with beach towels, wet suits unzipped to half mast.
Later I see them being rinsed under an outdoor
shower, a queue forms for the chip van.

Manus T. Kilcoyne stands at the open door, a female
employee slaves to order. Nothing more delicious
than saturated fat by the shore,
nowhere more beautiful than Achill.

DANGEROUS WATER

Down at Lecanvey pier,
squeak-whistle of sea birds
in low-lying pair.

Smash of waves on stone,
I touched a small fishing boat
filled with water.

Indigenous rocks,
with hair of seaweed
straggling on them.

Half a concrete block
with blue rope
tight around it.

Chalets look out to sea,
scent of winter
on deserted beach.

Some say it's dangerous
to cross the bay,
jagged rocks lurk beneath.

She Sends Robins to my Window

Silver, gilded, unruly hair,
tendrils casually swept,
others free fall.

Nothing but respect
when she comes in
to dine, hands covered in paint.

I try and recreate,
like film in rewind,
what her day's labour entailed,

always fail. Ancient walls
try to frame her talent.
I stood beside the one she calls father

at the funeral of the first man
on the blanket.
She counts Paris amongst her lovers.

SUNSET

Pink-blue shadow
of swans in flight,

uprights of conifers,
crumbling stone structure

leaning against tree trunks,
a thistle speckled field,

and nine hundred years
waiting for dawn.

Miscellaneous

First encounter with miscellaneous,
a label on my sister's shelf.
On it she kept a Genesis tape,

Selling England by the Pound,
I liked how it sounded,
an autograph book,

stub of Rolling Stones' concert ticket,
letters from pen pals,
other curios I can't recall.

If I had a miscellaneous shelf,
on it I'd put iron ore,
blood of dinosaur,

tie of eel skin, sea kale,
tinder, charcoal, bracken,
limpet and razor fish shell,

low tide and the hide
of a wild animal, stitched
with sinew, seal blubber.

Workshop

Gales from the Atlantic
sweep us indoors.

Bones, stripped of flesh,
on a shelf under a table,

granite slabs holds a name
in its groove,

silver sculpted to shape
body parts; ear lobes,

vertebrae, wishbones.
Bronze casts of seaweed.

Feather and bone,
twined around silver and bronze,

leaves an impression.
A piece of bog oak

takes the form of a dog.
Blades cut ice, spectators freeze.

Mardi Gras

Like stepping back,
but nothing seemed familiar,
no faces,

carefully placed china
had lost its leaves,
Oedipus the first,

even less flesh,
eye sockets swollen,
reproducing themselves

further down the line.
Masks.
I admired a casual set of strokes

that gave birth to anger,
wrinkles at bridge of nose,
Guthrie's nose. I opened a bottle

of wine and dined alone.
Drank scent of rose
that accosted an open door,

savoured volumes that lined the hall,
a cuff like Shakespeare's,
the sound of friendly notes, a brace of steps.

Memories cast into the lake like a stone,
their ripples travelled to Armagh
via Clones,

past a schoolroom,
where I once delivered
through the medium of Irish.

I listened again to the laughter
of the children of inmates,
who left no trace on embroidered lace.

Economic depression snuffed factories,
millstones, dolmens,
dulled the diamond, deadened pavements,

except on Ulster Final day
when, drumlins alive with colour,
it could have been Rio.

IN CASTLEWOOD

I

The sun hasn't shone in Castlewood
for more than a day and it's high season.
Cold puddles of rain collect
beneath cupped breast of rose,

tousled hair of grass,
custard-berry tongues.
Windows and walls that were flower gardens
take their leave, without fanfare or farewell.

Next morning the sun shines,
birds, on twigs outside my window,
they have a new song.
Grass in lawns, newly-cut, sweetens

already fragrant air,
tar, on the road, heated
just enough not to hold your step,
butterfly wings cling to petals.

Night has barely found its grip
in Castlewood, tired eyes,
wide like an owl's, lack slumber,
a sense of silent passing. Winged predators,

claws firmly clutching prey,
are night's victors and vanquished.
Flashes of other failures. In the depth
of night, let the dark untie my anguish

with strokes of a brush,
like paint on canvas. Distant voices heckle,
reeds bristle on the roof, something moving
in the attic prevents sleep. Soundtrack seeps

from behind closed kitchen door,
dark presses its ear in order
to catch fading lyrics,
notes so forlorn they quieten

an already still night.
Stars blink in the sky,
cloud shades the moon,
squeak of batwing.

August morning, in Castlewood,
direct rain-hits on pavement, cold
face-stabs that shrug shoulders in raincoats.
Wet flowers in tubs and baskets

appear more vivid though they have lost
any memory of what it is to have a one-eyed God
warm their leaves. Empty benches face oncoming
waves, barely visible Clare coastline is a horizon

of Payne's Grey, someone spread its wash
all across Galway Bay. Late afternoon in Castlewood,
setting off to walk among leaves, clouds play silly
buggers, retrace routes so that I walk among

different trees. Earth is always damp under thickets,
odour of open ground, something just buried.
Hopes and dreams hide lust behind a stone,
a bird pen is alien steel, exotic hens

trapped under wire-mesh send sinister spells.
Fog descends taking with it
the grey blanket of another dawn,
air is slate droplets, clouds in slipstream.

Polka-dot umbrella marches in the direction
of a stone wall, fast-moving windscreen wipers
are motorized thought processes. Small bird
swoops like a bat. I understand now why they built

shelters so close to sand. Two white-skinned boys
wearing pale shorts, at swim, empty bus drives by,
no queues outside the ice-cream parlour.
Sandals are all close-toed, with socks.

Some live in different summers and sport
bright sleeveless t-shirts, no coat.
Soft-tops firmly shut, leave to go back
to the capital.

II

Full night throttle in Castlewood,
colour has drained from mountain ash,
silver berries sprinkle gravel,
prowling tom-cat takes a furtive glance

at the empty drive, shadows lurk
behind curtains, drunken glee from lads
and lassies that party. Freshly rinsed laughter
rings around hollow silence

as rainbow curves over morning,
warm rays on one cheek, wet sprays on the other.
I turn away from rain, soft illumination of background
hills, sea view is clear, colour re-inventing itself

in water, in skies, in grass. Neon droplets
hit the path on which many legs run, walk,
stride, stroll and wander. Scooters, prams, dogs,
in Castlewood early this Sunday morning.

Café full of people caught unawares by the elements,
eaters of organic produce in Sunday portions,
sunglasses open and shut like blinds.
Shelter full of people on the periphery of the beach

with their backs turned, hoods up,
Saturday-shopping-centre look, I can't decide
if my walk is angry or happy, rainbow sandals,
I smile at colour.

The sun has set on another day in Castlewood,
I take my red watering can from the garden shed.
Never water flowers during sun-up,
I soak my rain on petunias, trailing ivy,

as night tightens its grip neighbours grow silent,
you can't hear the quarrel of lovers,
caress of hands, touching of cheeks,
brushing of lips. No twilight.

Next day's noon-sun in Castlewood,
a letting go of hearts, renewal of energies,
mountain top in full view, long power-walks,
no stumbling blocks of trunks but headlong

into the sun. Spectacular shimmer
of moisture, a favoured place, I need a map
of your thoughts
to guide me out of this maze.

Lyrics of night, no rhyme
to this valentine, give to the night
what dreams belong to it, swell of imagination,
sky of eyes, no release.

Fountain springs outside as it catches water in light,
like catching your lover's gaze as they pointed
to the fall of rain between lamp and awning.
Neon-kiss of moonless sky, no hooting owl

only water, light, desire.

III

Morning again, coffee
strong enough to wake you
from a two-month slumber, pens are drying,
pages grease themselves in refusal of ink.

Feet walk on springs where they crave barrenness,
on ice when they wish for heat,
on gravel when they yearn for moisture beads of dew,
sinking into peat when they need the touch of stone.

Dusk has draped itself in Castlewood
from this light will never follow. Birds
asleep in nests, blossoms closed shut,
insect buzz silenced, owls forget to hunt,

bats still hang upside-down,
no beat of moth against lamp
only the shadow of my body lengthening,
my lover's slowly disappearing.

Not much notice taken of the following day,
muscle ache eased by walks on sand, looking at water.
Hands seek flesh, slow right of passage.
Raven-sweet aftertaste like sparkling granite.

St. Bartholomew has banished the sun,
resurrected autumn. I attempt to write desire,
pink shadow of twilight, moon,
a large delicate petal, beautiful magnetism,

all faces look up and the sky is between light,
a group take their photo on the beach,
backdrop the moon, gang of men
in trunks, after swim. No shine on water

only the beacon of the bay, guiding green lights
signal to a yet invisible ship, two species of seabird
mate on a rock, women clutch bags and men,
girls, their walkmans. I pop into a souvenir shop,

I ask for pen and paper, the keeper produces
a biro but has no notepaper, he reluctantly
returns behind the counter and pulls out a dusty bag,
'Fantasy Pad' or 'Here's the brief?' he asked.

'Anything', I said, just needing a scribble.
On each page a scantily clad dominatrix in boots,
many different urges this night.
I received 'Here's the brief' for free.

Sitting on a bench, the sea so dark now
it could be a big field or a desert full of dunes.
Less and less legs walk the prom as night goes on.
Nothing sends ripples, the darker night falls

the more bead-like the harbour lights.
Untraceable footprints, I think of your kiss,
remember your touch, it tingles.
I put my arms up and close my hands

behind my head, this last night,
fountain light turns leaves to bulbs,
woman and child plant flowers in shadows,
even heather strikes a bloom,

fragranced candles burn in cottage windows,
outside a mild fluttering of wings, memoirs of blooms,
enough to turn and turn vases. Visions of crimson sun
like a daisy, wild berries fragrance the night,

apple blossoms strewn on the ground in Castlewood.

Our First Exhibition

Great waves of greenwhite and blue
hold crucifix models of coffin ships,
rotten planks that were floorboards
randomly nailed to the wall.

I imagine Catholic icons
as you bless yourself across
church gateways, cemetery entrances.
Red vessels being tossed on waves

reflect your travelling ways,
coffin ships of emigration,
less destructive than the pain
that adds decades to each of your days.

No Reflection

When I look in the mirror I see;
a boy that was sent to the principal's office,
captain of the team,

red-carded for swearing at the referee,
loving brother to two others,
who also like wrestling,

someone who spent a month
doing a project on Brazil
but didn't bring it in so he got nil

in his test. He knows the Amazon
like the back of his hand.
Boyfriend to the most popular girl

in school, cool dude that has outgrown
sliding down banisters but not
bad language in front of adults.

When I look in the mirror
this is the image that faces me.

Oh My God I Fancy The Builder

Your love does not arrive in the old style,
fondly scratched with quill and ink,
but with a clink or a bang when you sink
a nail, or carefully place a tile.
I feel redundant, watching all the while,
admiring your craft. Who would think
that I'd crave perfection? Work so succinct
usually gives me indigestion, plays hell with my bile.

I relive your every industrious movement
at night as I lie on feathers,
or cipher words the colour of blood,
trying to recapture each precious moment.
Wondering what if we were lovers?
A dream I would gladly consummate if I could.

TÓCHAR PHÁDRAIG (PILGRIMAGE ROAD)

No sun worshipers at the Boheh stone
without the wrath of the shepherd.

From my hospital bed I dream
of circular art and jutting rock,

shale, a mountain to climb.
I pray for a full recovery.

Patients and nurses
create a sound instilation within

my morphine consciousness.
Hearing everything, I understand little,

but adore the sun that rises
and shines, I feel its distant warmth.

When the axe has fallen
we all look, as one, to Apollo

and are rarely in the correct place
to climb any mountain,

preferring instead a well hewn route
to our ancient one-eyed god.

RAINSONG

When rain falls a melody loops
this grey sky into music,
it pretties the landscape,
glistening in its own pastels

and turns the page to another day,
times when nothing else could.
I lap up its nourishment,
its sequence forms pictures

like a rosary
when I was too young
to have my own words.
In soft rain I see my Grandmother's face,

smiling, black and white
fading to colour, and hens at her feet,
her leather bootees
were lined with fur, indoors her prayer-book

listened in its brown coat, bulged
with words and pictures, memorial cards,
the letter she received from her son
who had been missing in action in Korea,

I remember he wore a fur hat like Brezhnev.
The whistle of the kettle on the range
keeps time with my prayer, the rain,
as turf burns its silence in ashes.

Outside the apple trees hold up their arms
and give away names of their leaves.
I wander through grass wondering which berries
to eat and trip over mushrooms and dock-leaves.

The rain points the way to ancient crockery
and clay pipes that were *dúidíní,*
to those who knew each stone wall,
each hiding place in the cut-away bog.

FACES

The oil lamp my Grandmother put me to bed with
wore a happy face, its sweet scent lingered
in the parlor where no one ever sat

looking at photos from America
and sunshine on faces, I loved
my Grandmother's handwriting,

the way she pedalled to daily Mass
down a gorse-lined avenue.
In her house I wore my own face.

ECOLYSIS

Reptillian, my hands slid over the bony plates
of his torso while he thrust his tongue
into my mouth. I opened my eyes
to watch it recoil intermittently.

I tried to count his limbs but they moved
too quickly, imagined him swallow
his prey whole, a quivering lamb,
I feel the scales on the back of his head

as he caresses the scutes of his feet
along my inside leg, a rough touch,
I have long cast off my own armour,
my warm body heats his coolness

and we create a fog over the bed
in which we sleep, I search for a word
to describe what we did only to find
it didn't exist in any human discourse.

Next day he arose with the sun
the scales he shed covered the sheets,
he ate his cast-off skin
before he took his leave.

Material

Colours of autumn deep set in glances
that swiftly pass. I notice blush in leaves
as the season swoons into full throttle.

Weather tampers with our breaks,
raindrops play the blues guitar
on a tavern window, I sit and contemplate

if you really do exist. Then I remember
your five o'clock shadow, its length,
your presence in the audience,
each time you take your leave.

New Science

Sitting before a silver table
everything feels smooth to the touch,
skipping from cloud to cloud
I take renewed interest in science,

the economy, I count clouds.
By the time I finish the stars
have emerged, as I sit in their light
I try to pick one that will fall.

Time over time,
I train my pen, no power to anything,
the expense of print
ensures lots of red ink.

Elsewhere

All the while the Scots bard eulogised
everything from Scargill's strike to Buckfast,
and throughout the literature officer's
transformation into a serpent by the microphone.

I was not in the audience
but seated in the tavern where you stood too close,
pressing your midfriff against my knee,
as you leaned forward.

All the while the Scottish wordsmith,
flanked by the Westport farmer-dash-writer,
regaled the company, later, in McCarthy's bar,
I examined your unshaven beard.

All the while the poet from South Yorkshire plyed
the crowd in the pub with wit, as he mistook
my blank expression and lack of response for hostility,
I re-examined your freshly shaven face,

bright skin, and didn't care less.
All the while my close friend
delivered a well-honed performance,
I touched your arm lightly, twice, and left

you to return to your apartment.
All the while the stories and jokes gratified
our get-together, I saw her approach you,
from out of nowhere, and drink from your glass.

Generation

As I slip into middle age,
I notice change, not so much
in myself as everyone else,

barmen, policemen, children.
If I was of a different gender
I might stand on rocks

down at the seafront and fish,
putting my catch into white plastic,
a grandchild standing guard,

baiting his hook while transfixed
to the angler on a neighbouring rock
who beats a stubborn fish,

hammering his head on cement.
Seabirds squawk and gather
in great numbers overhead.

Curse of Artemis

Carrying a bow and arrow I approach
the town, my hunting dog and stag
constant at my side, a crescent moon

over my head is a halo though it is
still noon. I bring my own light.
Streets are lined with cypress trees

and children bring gifts of flowers.
Lover, you do not see the illumination
or the blooms, only a woman

in the clothing of a bear,
about to sink her claws, this
tears me to pieces. I journey

to the mountain, where I bring
a gift of light to the god of the forest,
where no one is predator, no one prey.

MIDWINTER

Its dark abrupt fall colours the water,
December gods are hatching grey schemes
to level at us, on the arrival of the solstice,

though we know that there is no such thing
as the sun in today's sky. Happy smiles stroll by,
light steps on a well-worn path, cold rain

drains the spirit, no time for fountains or ice-cream,
coffee houses close early, shutters are abandoned
to galeforce winds. Rocks disconnect from limpets

and other shells also perish. Christmas bells and tinsel
velvet the drab facade of a public house
that offers none of the comforts of home.

SOLSTICE

The star of the moment was absent
as the solstice approached in a veil of gloom,
not even a ray found its way into Newgrange.

Outside protesters raged against the government,
a local newspaper reported, 'a glimmer of light,
recorded by a long camera esposure'

that made its way into the megalithic chamber.
I plan an escape to the Tropics, away from these
unlit streets, reindeer mirrors, the demise of the year.

Of Light

Rainbow again today,
the scratch marks on my chin
from his stubble still stings.

Grazed flesh of my knees,
burned in the ardor
of our intimacy, smarts

against nylon tights. Rainbow-coloured
morning that woke us
from a passionate embrace

reappears, points to the place
where he tramps wet grass,
feels every wail or bleat

from within his demense
as he walks the fields,
shepherding dreams.

FRIDAY AFTERNOON

Shouts of *cailín mór*
bellowed from the corner,
as drunken stags

sat around a trough of cider.
Polite conversation of thespians
in surrounding pews

fuelled this gregarious herd,
'She looks seventy, eighty',
overloaded kit bags

bulged with cheap beer.
Urged on their way, a parting shot,
'Is that a play?'

'No', the outside door closed.

Vacant Possession

No one's footfall on the timber-floored hall,
not to mention the cold kitchen tiles,
or up the carpeted stairs.

No hands at the table, newly bereft
of poems and other leaves, casually
swept aside, or near to the sink.

I still remember you on your knees.
No taut torso on the two-piece leather
suite, soft to the touch, toasting themselves

in front of turf, fuelled by a Mayo bog,
or misshapenly stretched on an orthopaedic
bed, no one picking out their favourite tights,

fishnet or otherwise, giving me a handful,
eyeful, mouthful, no one calling on my telephone line,
Facebook or internet,

no arm around my waist or
chivalrously opening a door,
nobody's dulcet tones searching for the names

of moonlit songs among scratched and unscratched
vinyl, sipping tea from chipped crockery,
if not you, no one.

DEITY

On the day that I first took note
of the circle of time,
etched by an ancient scribe,

a goddess spoke to me in tongues,
two caterillars crawled from under
the outside door, I noticed acorns

strewn on the path underfoot,
streams flowed from the eyes
of the bird goddess, whose beak

dripped with blood after rendering
the bodies off two newborn lambs.
I picked up a handful of earth

and painted my face with clay,
cloud patterns were Bronze Age
meanders, an elaborate sun

scorched our skin,
her wings of amber cooled
the mask of her face.

I felt regenerated as I listened
to the language of the deity
that created its own motif.

Another Requiem

In his world there are many crows
who do not act as protector.
He speaks of spurned lovers,

consumed with death and destruction,
who do battle under the standard
of a raven, they peck at his eyes.

Hooded goddesses of death and evil,
eager to the slaughter,
drink his blood, inhabit

their own half-world, rage
through the skies at night,
seeking out who to vanquish, who to reward.

CYCLOPS

Older than the mountains
that circle her lair,
fearsome and flesh-eating,

the last monarch of her tribe,
her dreary throne made from the pain
of those she caused to perish.

Birds come to nest in her tree-like arms
though her voice is heavy rain,
rays of sunshine the only thing

that can cause her any suffering.
A prophecy tells of her demise
at the hands of her grandchild.

Her arch of poison-tipped spears
creates a dark blanket of sky
where once there were trees.

I choose to live in the light.
After being summoned to visit,
I fall beneath her malevolent gaze.

ERATO (LOVE SONG)

You arise from the water
where the ocean meets the mountains
and a rainbow arcs overhead.

Gulls' noiseless flight energizes
the eye of the universe
that prompts birdsong when it rises.

I view you both as one,
send waves of great white horses,
sail ships in your direction.

Wishing you a robe of stars,
a pillow of clouds and rose petals,
longing for the delight of your arms.

Satyr

Monster of a hundred eyes,
no more than two close
at a time, I try to rhyme
and coax you with music.

You foil my every move,
place me under guard,
this frail mortal trying to escape
the wrath of her god.

I seek sanctuary in vain,
bear your offspring,
you hand him a silver bow,
my new guard.

Rugadh agus tógadh Colette Nic Aodha i Sruthar, Contae Mhaigh Eo. D'fhreastail sí ar Choláiste na hOllscoile, Gaillimh áit ar bhain sí céim sa Ghaeilge agus sa Stair amach. Rinne sí an tArdteastas san Oideachas agus máistreacht sa Ghaeilge ina dhiaidh sin agus d'oibrigh sí mar mhúinteoir meánscoile ó shin. Foilsíodh na leabhair seo uaithi: *Baill Seirce* (Coiscéim, 1998); *Faoi Chrann Cnó Capaill* (Coiscéim, 2000); *Gallúnach-Ar-Rópa* (Coiscéim, 2003); *Ádh Mór* (Coiscéim, 2004); *Sundial* (Arlen House, 2005); *Between Curses/Bainne Géar* (Arlen House, 2007); *Ainteafan* (Coiscéim, 2008); *Scéal Ón Oirthear* (Coiscéim, 2009); *Raiftearaí, i gCeartlár a Dhaoine San Aonú hAois is Fiche* (Coiscéim, 2009); *Áilíos* (Coiscéim, 2010). Chuir sí dhá leabhar dá cuid daltaí in eagar; *Pailéad an tSaoil/Palette of Life* (2006) agus *Duilleoga/Leaves* (2011). Tá cónaí uirthi i nGaillimh.

Colette Nic Aodha was born in Shrule, Co. Mayo. She studied Irish and History in NUIG where she received a BA degree. She later returned to complete a Higher Diploma in Education and a MA in Irish. She works as a secondary school teacher. Her collections are *Baill Seirce* (Coiscéim, 1998); *Faoi Chrann Cnó Capaill* (Coiscéim, 2000); *Gallúnach-Ar-Rópa* (Coiscéim, 2003); *Ádh Mór* (Coiscéim, 2004); *Sundial* (Arlen House, 2005); *Between Curses/Bainne Géar* (Arlen House, 2006); *Ainteafan* (Coiscéim, 2008); *Scéal Ón Oirthear* (Coiscéim, 2009), *Raiftearaí, i gCeartlár a Dhaoine san Aonú hAois* (Coiscéim, 2009); *Áilíos* (Coiscéim, 2010). She edited two anthologies of her students' poetry: *Pailéad an tSaoil/ Palette of Life* (2006) and *Duilleoga/Leaves* in 2011. She currently resides in Galway.